COMITÉ DES NOTAIRES DES DÉPARTEMENTS
Institué en 1840.
Présidence et Secrétariat à Paris, rue Le Peletier, 29.

RÉVISION DU CODE DE PROCÉDURE CIVILE.

COMPÉTENCE DES JUGES DE PAIX.

OBSERVATIONS

Préparées par le Comité et soumises à la commission extra-parlementaire instituée au Ministère de la justice par décret du 10 juillet 1883.

Mémoire communiqué à l'assemblée générale des délégués des notaires des départements le 26 octobre 1887 et publié dans la circulaire n° 202 du 30 novembre 1887.

Deuxième édition

PARIS

LIBRAIRIE COTILLON
F. PICHON, SUCCESSEUR, IMPRIMEUR-ÉDITEUR,
24, RUE SOUFFLOT, 24.

1890

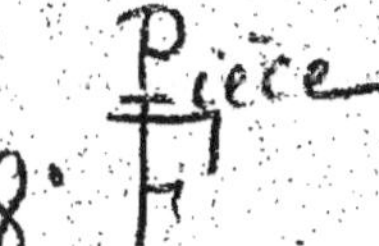

AVIS

Le présent mémoire est adressé à MM. les présidents, syndics et secrétaires de toutes les compagnies de notaires adhérentes et non adhérentes, avec prière d'en donner connaissance à Messieurs leurs confrères.

COMITÉ

DES

NOTAIRES DES DÉPARTEMENTS

PRÉSIDENCE & SECRÉTARIAT

RUE LE PELETIER, 29

PARIS

Paris, le 21 mai 1890.

Le Comité a suivi attentivement les travaux de la commission extra-parlementaire instituée par décret du 10 juillet 1883, près du ministère de la Justice, et chargée d'étudier un projet de révision du Code de procédure civile. M. Bernier, président d'honneur du Comité, faisait partie de cette commission.

Sous le titre de la conciliation, la majorité de la commission, malgré les observations contraires de M. Bernier, a adopté un article portant que le procès-verbal de conciliation aurait un caractère authentique et pourrait contenir constitution d'hypothèque conventionnelle.

Vivement ému par la proposition de cette innovation, le Comité en a fait l'objet d'une étude particulière et lors de l'assemblée générale des délégués du 26 octobre 1887, M. Robert, l'un de ses membres, a donné lecture d'un rapport faisant valoir les raisons qui militent contre ces dispositions nouvelles.

Aujourd'hui la question devient brûlante : M. le ministre de la Justice, à la date du 6 mars 1890, a déposé sur le bureau de la Chambre des députés un projet de loi, présenté au nom de M. le président de la République, et portant révision d'une partie du Code de procédure civile.

L'art. 12 du titre de la conciliation est ainsi conçu :

« S'il y a conciliation, le juge de paix dresse
« procès-verbal des conditions de l'arrange-
« ment. Ce procès-verbal est signé par le juge
« de paix, le greffier et les parties. Si elles ne
« savent ou ne peuvent signer, il en est fait
« mention.
« Les conventions insérées au procès-verbal
« ont force d'obligation constatée en la forme
« authentique et peuvent contenir constitution
« d'hypothèque.
« L'expédition du procès-verbal est revêtue
« de la formule exécutoire. »

Ce projet de loi a été publié dans le *Journal officiel*, nᵒˢ des 1ᵉʳ, 2 et 3 mai 1890.

Dans ces conditions nous croyons utile de rééditer le mémoire du Comité, dont le texte suit :

Observations du Comité.

Nous reconnaissons qu'il appartient au législateur de modifier par une loi nouvelle un ordre de choses défectueux. Loin de nous la pensée de contester un droit auquel nous sommes heureux de recourir nous-mêmes chaque fois que nous croyons de l'intérêt public d'y faire appel. Mais notre conviction très ferme est que le projet de loi, tel qu'il est conçu, loin d'améliorer la situation qu'il vise, suscite des complications nouvelles, et qu'il porte autour de lui la perturbation sur des points d'une importance bien autrement considérable.

Il y a là plus qu'une question notariale. C'est une des plus graves questions d'intérêt général qui se trouve engagée ; car la séparation des attributions judiciaires de celles qui relèvent de la juridiction volontaire intéresse au degré le plus élevé l'ordre public. Les limites qui les séparent doivent être et demeurer infranchissables. Les abaisser, c'est engendrer la confusion et le trouble, ouvrir la porte à des compétitions qui sommeillent parfois mais qui ne s'éteignent jamais, fournir des moyens à la fraude, sacrifier des intérêts respectables, et, nous n'hésitons pas à le dire pour le cas qui nous occupe, amoindrir le caractère du magistrat lui-même par l'abus qui sera fait de son ministère.

Ce serait en outre, si le projet était maintenu, abolir un article formel du Code civil, l'article 2127, qui ne reconnaît qu'à l'acte notarié exclusivement la force d'établir l'hypothèque conventionnelle ; créer deux juridictions rivales pour un même effet, sans qu'aucun intérêt le commande, et au préjudice de la sécurité des conventions.

C'est l'honneur des anciens législateurs d'avoir formulé le principe qui domine cette matière dans sa simplicité actuelle, et d'avoir su plier les règles à ce principe, de manière à sauvegarder à la fois les institutions respectives contre les empiétements, et les intérêts des tiers contre toute surprise.

Nous suivrons, pour le développement de ces observations, l'ordre même de l'argumentation du rapport.

M. le Ministre, après avoir rappelé les incontestables bienfaits de la conciliation, comme une institution destinée à arrêter l'essor des procès, établit, par une statistique précise, que cependant les résultats d'apaisement désirés par le législateur vont en diminuant d'année en année.

La commission s'est appliquée à améliorer cette situation.

Elle a pensé atteindre ce but :

1° En simplifiant le mode de la citation :
2° Et en étendant les effets légaux de l'acte de conciliation lui-même.

Nous exposons, en écartant toute discussion théorique, l'état de la question dans les considérations suivantes.

I. — Le procès-verbal de la conciliation est authentique puisqu'il est rédigé en vertu de la loi et qu'il émane d'un fonctionnaire public ; mais cependant il n'a d'autre force que celle de l'acte sous signature privée, par suite d'une nécessité d'ordre supérieur. Là se sont révélés la sage prévoyance et l'esprit pratique du législateur : il a préféré maintenir intact le principe de la séparation des attributions, plutôt que d'accroître dans un intérêt minime la compétence du magistrat conciliateur jusqu'à ce point de fournir un moyen d'empiètement sur une juridiction qui n'est plus de son domaine.

Trois considérations ont imposé cette solution.

C'est que la conciliation n'étant pas un procès, et le magistrat n'y siégeant que comme conseil et non comme juge :

1º Si le procès-verbal pouvait revêtir la force exécutoire, le juge deviendrait le rédacteur de conventions privées, et l'art. 1er de la loi du 25 ventôse an XI serait violé, puisqu'il porte que les notaires sont les seuls fonctionnaires investis de cette mission.

2º Si le procès-verbal acquérait la force d'un jugement, comme le public, en principe, n'est pas admis à la conciliation, qui est un acte de cabinet, il existerait un tribunal occulte, dépourvu de la publicité qui est l'une des sauvegardes des justiciables.

3º Enfin si le procès-verbal avait la force de conférer hypothèque, ce ne pourrait être une hypothèque judiciaire, à la fois universelle et future dans ses effets; mais bien une hypothèque conventionnelle prise en violation des dispositions très précises de l'article 2127 du Code civil, qui ne reconnaît d'autre source à cette hypothèque que l'acte notarié.

D'où une confusion évidente des attributions spéciales aux juridictions contentieuse et volontaire, et un empiétement certain de la première sur le domaine de la seconde.

« Il résulte de la situation actuelle, dit le rappor-
« teur, que la partie qui veut obtenir un titre obliga-
« toire doit prendre un jugement ou se retirer
« devant un notaire. »

Mais c'est là précisément ce qu'a voulu le législateur, et que réside la perfection de son système! Après avoir défini les institutions et fixé leurs limites, il a pris résolument les moyens propres à faire respecter les compétences.

De quoi se plaindrait le plaideur concilié?

S'il est de bonne foi, hésitera-t-il à se transporter devant le notaire et à consentir le titre de sa dette dans la forme prescrite par la loi? Le procès-verbal du magistrat peut même lui en faire l'obligation. Quelle aggravation de frais en résultera-t-il? Aucune, puisque la conciliation n'entraîne aucuns frais appréciables.

S'il est de mauvaise foi et s'il se refuse à accorder le titre, il sera cité en justice pour voir exécuter cette obligation qu'il avait avouée en conciliation. Mais il ne devra imputer qu'à son mauvais vouloir les frais de poursuites devenus nécessaires.

Le rapport aurait voulu éviter cette alternative, et concilier cette opposition. Nous venons de voir qu'on ne peut parvenir à ce but sans violer les règles de la compétence et des attributions, sans faire échec aux lois qui les protègent.

II. — La conciliation est essentiellement du domaine judiciaire.

Elle constitue une procédure préliminaire instituée dans le but de prévenir un procès. Il lui faut nécessairement un différend pour base; « car, quand les « parties sont d'accord, le juge n'y a que voir », disait Loyseau (*Off.*, II, 5, n° 49).

Il est louable de rechercher les moyens d'en étendre les utiles effets. Mais la conciliation ne peut ni ne doit devenir l'occasion d'un contrat volontaire, dénué de litige, sans dévier de son origine, et sans faire tourner l'application d'un principe éminemment humain en un simulacre de procès, irrespectueux pour le caractère du magistrat dont il dénature le ministère (Pigeau, I, p. 44. — Roll. de Vill., 294. — A. Dalloz, *Comm. Loi de ventôse*, nº 45).

Évidemment la commission a repoussé les abus de cet ordre comme indignes et comme attentatoires à la dignité de la magistrature. Toutefois cette audace n'a pas toujours fait reculer certains hommes et, dès l'origine, il n'a pas fallu moins que l'énergique intervention de M. le Ministre de la justice pour réprimer ces écarts. Nous en retrouvons la trace dans une circulaire du 25 brumaire an V, dont nous extrairons les lignes suivantes :

« L'ordre judiciaire serait imparfait si les bornes
« de chaque autorité n'avaient été circonscrites, si
« les fonctions des divers officiers publics avaient été
« confondues. Les lois ont limité les attributions des
« bureaux de paix et de conciliation aux affaires *de*
« *nature contentieuse;* les seules transactions *sur*
« *procès* sont de leur ressort. Les parties amenées,
« en vertu d'une citation, devant des citoyens char-
« gés de les concilier, peuvent, à raison de leur futur
« litige, faire entre elles tel accord que bon leur sem-
« ble et l'acte en est rédigé sur le champ.

« Ce serait un grand abus si, *sous prétexte de con-*
« *ciliation,* les juges de paix pouvaient recevoir
« indistinctement d'autres conventions, *des actes* en
« un mot, qui ne seraient pas la suite d'une citation
« ou le terme d'un procès. Ce serait de leur part,
« envahir des fonctions qui leur sont étrangères, et
« qui ont été départies à d'autres fonctionnaires, *aux*
« *seuls notaires;* ce serait devenir les instruments
« d'une fraude pratiquée par ceux qui imaginent se
« soustraire ainsi aux droits de timbre et d'enregis-
« trement.

« Tous ces désordres existent cependant dans cer-
« tains cantons ruraux : des juges de paix mécon-
« naissent leurs devoirs et confondent leurs attribu-
« tions; revêtus du masque de médiateurs, et sous
« forme de conciliation, ils reçoivent habituellement
« les conventions des parties, telles que *ventes, baux,*
« *obligations, quittances,* etc... Leur auditoire est
« transformé en quelque sorte *en étude de notaire.*
« Les citoyens à leur insu, se trouvent ainsi privés
« de l'hypothèque, ce gage sacré de nos conventions,
« la nation est frustrée d'une partie de ses revenus,
« les notaires font entendre les réclamations *les plus*
« *légitimes.* » *Dict. du Notariat,* v° *Notaire,* n° 427.

L'art. 54 du Code de procédure avait su habile-
ment mettre fin à ces abus, en retenant le caractère
de l'authenticité pour le procès-verbal de la conciliation, tout en limitant ses effets à la reconnais-
sance du fait, de manière à laisser intact le principe
supérieur de la séparation des attributions. « Les
« juridictions sont d'ordre public; on ne peut trans-
« porter à l'une les attributions d'une autre : ce
« serait troubler l'économie et la pondération des
« pouvoirs. Aussi est-il de règle que la prorogation
« de juridiction n'a pas lieu *de re ad rem* mais seu-
« lement *de quantitate ad quantitatem.* » (Henrion,
Autor. jur., ch. 14).

III. — Serait-on autorisé à penser que la série des
abus réprimés sous le Ministère de Merlin, ne serait
plus de nature à se renouveler? Que le progrès des
mœurs les tiendrait à l'écart pour l'avenir? Le contraire n'est-il pas plutôt à craindre? Pour qui est-ce
un mystère qu'au fond de toute campagne comme
au sein de chaque ville, il existe des hommes d'affaires interlopes, dont l'ignorance n'a d'égale que
l'âpreté, et qui se trouvant par leur humilité même

mêlés à la masse des pauvres gens dénués d'une
instruction suffisante, savent capter cauteleusement
une confiance trop crédule, et faire payer fort cher
des services absolument trompeurs. Ces courtiers à
la démarche oblique, ces prêteurs à intérêts ina-
vouables connaîtront bien vite le parti qu'ils pourront tirer de la nouvelle loi. Plus de notaires, c'est-à-
dire plus de conseils autorisés pour le malheureux
emprunteur, pour le vendeur nécessiteux. « Allons
« trouver le juge de paix ; il arrangera bien votre
« affaire ; cela ne coûtera pas cher, et cela sera aussi
« bon », telle sera la phrase séduisante à l'aide de
laquelle ils exploiteront la gêne et accroîtront la
misère. Ils envahiront le prétoire ; et le magistrat
ignorera toujours ce qu'il en aura coûté de commission occulte à l'infortuné plaideur qu'il devra croire
avoir concilié (1)!

C'est, on le sait, un des côtés les plus élevés de
notre mission que ce rôle de conseil des parties que
la loi nous a confié. A toute occasion les tribunaux
le proclament et parfois avec une sévérité extrême.
Mais quelle difficulté n'éprouvons-nous pas à la remplir, à dégager le vrai du faux, à déjouer des plans
perfidement ourdis. « Très-souvent, vient de dire
« M. Maton, l'éminent professeur de Notariat à la
« Faculté de Louvain, la convention s'est égarée
« chez quelque ténébreux agent d'affaires qui n'a pas
« manqué d'y mettre le sceau de son art; et c'est
« embrouillée, déguisée et imprégnée d'un relent de
« dissimulation qu'elle pénètre dans l'étude du no-

---

(1) Le *Journal des greffiers des justices de paix* se plaint gran-
dement de l'envahissement des prétoires par ces agents d'affaires et du préjudice qu'ils causent dès maintenant aux justiciables (1887, p. 277). Que serait-ce avec le nouveau projet!

« taire. Alors la mission du fonctionnaire en qui le
« législateur a placé toute sa confiance, est bien plus
« difficile encore; car avant de rétablir les faits dans
« leur pureté, il aura à lutter contre le dessein secrè-
« tement formé dans le but de surprendre sa bonne
« foi, sa vigilance et sa perspicacité. »

Le juge de paix est-il bien assuré d'être à l'abri des
mêmes embûches?

Entre gens honnêtes quelle sera l'économie de la
mesure? Les frais qui grèvent tout emprunt seront-
ils diminués? L'enregistrement modèrera-t-il ses
tarifs en faveur de l'acte judiciaire? Si l'huissier perd
des vacations, le greffier ne percevra-t-il aucun sa-
laire? Il serait injuste qu'il en fût autrement. N'aura-
t-il pas à rédiger une minute, à délivrer une grosse,
à préparer des bordereaux, à requérir l'inscription,
à avancer des droits d'hypothèques? Il y aura économie du timbre de l'exploit, mais combien plus élevé
sera l'impôt du timbre sur ces grosses de justice
à 1 fr. 80 la feuille avec leurs vingt lignes de huit à
dix syllabes? En vérité, où sera l'utilité de la mesure?

IV. — « Craint-on de voir le cabinet du juge de
« paix se substituer à l'étude du notaire? » poursuit
le rapport. Nous ne pouvons partager ici la quiétude
du rapporteur. Oui, certainement, affirmerons-nous,
cet effet déjà constaté et réprimé par M. le Garde des
sceaux, dès l'an V, se reproduira plus tôt et sur une
bien plus vaste échelle qu'on ne semble le croire.
Qui peut prévoir les conséquences d'un principe,
quand l'intérêt avide se charge d'en reculer les limites? D'ailleurs si l'effet de la nouvelle mesure doit
être tellement restreint, quel motif impérieux y a-t-
il à apporter dans l'institution du notariat, dont la
perfection est l'une des gloires de la Constituante,

une perturbation qui ébranle jusqu'à la solidité de son principe même ?

Cette conséquence est tellement logique et inévitable, que le rapporteur n'a pu essayer de s'en défendre qu'au prix d'une contradiction.

D'une part il a posé sa proposition dans la phrase que nous venons de reproduire dont la forme légèrement dubitative voudrait être rassurante. Mais plus loin il ajoute : « S'il y a des difficultés, des obs-« curités, les parties seront renvoyées devant le no-« taire... Si cette *nécessité ne s'impose pas*, c'eût « été méconnaître le but de simplification et d'éco-« nomie que poursuit la commission, que d'exclure « la constitution d'hypothèque des conditions de la « conciliation. » Ici plus d'obscurité, plus de doute sur le fond de la pensée : la retenue de l'affaire par le juge est le *principe*, le renvoi devant le notaire ne doit avoir lieu qu'en cas de *nécessité impérieuse*. Et le notariat ne serait pas fondé à se plaindre que les intérêts publics qu'il a mission de sauvegarder fussent sacrifiés dans le projet aussi bien que les siens propres !

« Dira-t-on que certaines stipulations compliquées « réclament des lumières spéciales, des aptitudes de « rédaction qui ne s'improvisent pas ? Il n'est pas « une de ces objections qui résiste à l'examen, conclut « le rapport. Bien plus si le système actuel était « maintenu, il faudrait plutôt le restreindre et dire « que les parties ne pourront demander acte de leurs « conventions dans le procès-verbal de conciliation. »

Après avoir constaté en tête du rapport les heureux effets que la conciliation a donnés jusqu'à ce jour, n'est-ce pas outrepasser la pensée d'amélioration pratique qui préside aux travaux de la commission, que de formuler une semblable conclusion ?

Telle qu'elle est, cette institution est utile, pourquoi la détruire? N'est-ce donc rien pour un créancier que l'aveu du débiteur devant le juge de paix qui en dresse un acte authentique, sauf à renvoyer pour la régularisation des conventions les parties devant qui de droit? Les notaires ont toujours été respectueux des attributions judiciaires. Ils savent apprécier le caractère du juge et rendre hommage à ses lumières et à son loyal désir de rendre une bonne justice. Ils n'ont jamais demandé à voir restreindre ses pouvoirs dans une sphère où son action s'exerce utilement, ni distraire en leur faveur des attributions qui sont de son domaine. Mais, nous le répétons, la perspective avouée de ne voir le juge de paix renvoyer les parties devant le notaire que dans l'hypothèse d'une affaire particulièrement difficile et d'une nécessité qui s'impose, n'est pas de nature à rassurer le notariat sur la portée inoffensive du projet, ni à écarter la crainte de voir le cabinet du juge se substituer à l'étude!

A chacun ses fonctions!

V. — Les magistrats connaissent ce qu'il faut au notaire d'aptitude, d'expérience et de savoir pour rédiger clairement les contrats, ce qu'il leur faut de prudence pour assurer la sécurité d'un prêt, qu'il soit de minime valeur ou d'une importance considérable. La justification de la propriété soulève tous les principes du droit civil et exige des délais souvent prolongés; l'appréciation des biens est des plus délicates et parfois l'expertise s'y fourvoie elle-même; enfin les questions hypothécaires surgissent sous toutes les formes, et leur solution est des plus complexes et en même temps des plus redoutables à trancher. Quelles que soient son expérience et sa prudence, quel notaire est assuré d'avoir tout prévu? S'il a erré, c'est un malheur assurément; mais on sait quelles lourdes responsabilités en sont la consé-quence.

Qu'en sera-t-il du juge de paix? Comment opérera-t-il? Où sera sa responsabilité?

Des parties se présentent devant lui, qui simulent un procès pour avoir le droit d'être écoutées. Il les concilie, et constate, par exemple, que l'une doit mille francs à l'autre, et que le débiteur affecte tel immeuble à la sûreté de sa dette.

Voilà le contrat de conciliation nouveau dans sa simplicité apparente. Il semble offrir si peu de difficulté qu'on ne voit pas ce qui pourrait donner l'éveil au juge de paix et lui conseiller de se récuser pour le rédiger.

Et pourtant qui lui sera garant de la foi de l'em-prunteur? Cet immeuble qu'il offre à un prêteur confiant et illettré, circonvenu peut-être, qui l'assu-rera qu'il n'est pas grevé outre mesure? que la pro-priété est incommutablement assise, et bien à l'abri d'éviction ou de répétition? N'est-elle frappée d'au-cun privilège non inscrit encore, mais dont l'effet viendra bientôt détruire la sécurité apparente de cette situation? Et la femme, interviendra-t-elle au procès simulé pour renoncer à son hypothèque légale? Mais sa seule présence trahirait aux yeux du juge le véritable caractère de l'acte qu'on lui de-mande, dont le manque de sincérité serait le moin-dre défaut. Le juge de paix lui-même peut-il prévoir tant de complications et y faire face dans un contrat rédigé sur le champ et qui doit être signé des par-ties séance tenante. Différer et demander la remise d'un dossier, ne serait-ce pas faire œuvre de no-taire?

Mais s'il se glisse une erreur dans son appréciation, quelle gravité pour sa situation morale ! Responsable, il ne peut pas l'être ayant fait office de magistrat ; irresponsable, sa position n'en sera-t-elle pas ébranlée dans le canton ? Peu importera la cause de la perte éprouvée par le prêteur, fût-elle due à la mauvaise foi du débiteur, ce sera le juge de paix qui aura fourni le contrat, ce sera à lui que l'on imputera la faute : il n'aura pas su découvrir l'erreur et y parer. Le bruit s'en répandra dans les communes ; il en portera la responsabilité morale.

Et le greffier ? quel sera son rôle particulier ? Il est lui officier ministériel et responsable de ses erreurs. C'est à lui qu'il incombera, sans doute, de réaliser les formalités hypothécaires sur la délivrance de la grosse. Or, elles sont loin d'être simples et à l'abri du péril. Dans des travaux émanant de personnes diverses, l'erreur se glissera plus aisément. Le greffier aura bénéficié de quelques vacations, mais il répondra sûrement de l'intégralité de la créance en cas de nullité de l'inscription.

VI. — Le rapport, avons-nous rappelé, a prévu le cas exceptionnel où la rédaction de la convention présenterait des difficultés particulières ou exigerait des connaissances que le juge de paix ne posséderait pas. Il serait libre alors de renvoyer l'affaire devant un notaire.

Cette disposition est-elle heureuse ? Ne blesse-t-elle aucun principe ? Sauvegarde-t-elle le caractère du juge ?

Evidemment le juge de paix continuera de siéger comme médiateur ; autrement, il ne pourrait sans déni de justice et violation de l'art. 4 du Code civil, refuser de prononcer. Il est donc certain qu'il ne gardera de sa charge que le caractère de fonc-

tionnaire public, non celui de magistrat. L'exten-
sion d'attributions que nous combattons n'a donc
d'autre but que de lui ouvrir les portes de la
juridiction volontaire, et de lui conférer les attributions notariales. Avoué ou non, tel sera le ré-
sultat.

Pour renvoyer l'affaire avec dignité, il devrait,
comme juge, pouvoir la retenir, et commettre le
notaire pour la résoudre sous l'autorité de son
homologation. Mais nulle part la loi ne lui accorde
ce pouvoir de délégation; et en matière de conciliation, d'ailleurs, il ne rend pas de jugement. Etrange
circuit imposé aux parties pour revenir devant le
notaire, qu'elles pouvaient aller trouver directe-
ment, comme étant le seul fonctionnaire apte à recevoir leurs conventions, et précisément institué
dans ce but !

Mais renvoyer l'affaire par le motif qu'elle pré-
sente trop de difficultés ou qu'elle réclame des connaissances qu'il ne possède pas, n'est-ce pas con-
traindre le magistrat à proclamer son insuffisance
devant le justiciable, à avouer un état d'infériorité
qui se concilie mal avec la science qu'il possède par
ailleurs et la dignité dont il est revêtu? Ne risque-
t-il pas de trouver là comme un amoindrissement de
son caractère?

Si le présent est funeste pour le magistrat, le sort
du prêteur sera-t-il plus enviable?

« Le contrat de constitution d'hypothèque est
« grave entre tous » remarque le rapport dans une
très saine appréciation de la matière. C'est ce que
nous avons essayé de faire ressortir nous-mêmes en
appuyant sur quelques-unes des difficultés qui lui
sont inhérentes. On comprend l'hypothèque judiciaire, malgré les objections qu'elle soulève, comme

sanction des jugements. Elle est universelle, elle atteint les biens présents et futurs ; surtout on ne la concède au créancier que pour ce qu'elle peut valoir. Mais que peut-il demander davantage et que pourrait-on faire de plus pour lui ?

Au contraire, le rapport précise que l'hypothèque constituée en conciliation aura le caractère conventionnel. Le prêteur est en droit alors d'exiger que le fonctionnaire qui la lui concède en ait apprécié la valeur et l'utilité. C'est le plus strict devoir des notaires et leur soin le plus rigoureux. Combien de juges de paix auront assez de hardiesse pour endosser gratuitement une responsabilité de cette sorte, ne fût-elle que morale ?

Mais une fois nanti d'un pareil titre, qui n'offrira ni la sécurité d'un examen de la propriété, ni la preuve de la situation hypothécaire aussi bien vis-à-vis des propriétaires antérieurs que du débiteur, ni le désistement de l'hypothèque légale de la femme, qu'en pourra bien faire le créancier ? Qui osera se substituer à lui ? Qui voudra d'une semblable hypothèque ? Dans quelle étude de notaire négociera-t-il un titre aussi fragile ? Si, du moins, il pouvait retourner devant le magistrat avec un cessionnaire, et parvenir à le faire subroger dans ce titre discrédité et rejeté de la circulation. Mais cette ressource lui manquera elle-même : il n'y a plus ici de procès simulable)et le seuil du bureau de conciliation, qu'il n'aurait pas dû franchir, lui demeurera interdit cette fois. N'eût-il pas mieux valu que l'entrée fût fermée dès l'origine ?

VII. — L'article 53 du Code de procédure contient un principe dont l'application eût été d'un heureux effet, si elle avait pu être assurée dans la pratique.

Il offre, au contraire, cet enseignement, qui ne sera
pas superflu dans la circonstance, que les meilleures
intentions du législateur peuvent parfois manquer le
but. Cet article prescrit la comparution personnelle
des parties devant le magistrat conciliateur ; il n'ad-
met la représentation par mandataire qu'à titre
exceptionnel. Mais l'exception, dans les villes princi-
palement, n'a pas tardé à devenir la règle ; et la conciliation s'est transformée en une sorte de premier
procès, où de véritables conclusions sont déjà po-
sées et défendues, ou bien, situation plus opposée
encore à l'esprit de l'institution, où le représentant
de la partie défenderesse, refusant toute explication,
se renferme dans un mutisme absolu, qui paralyse
l'action du juge de paix. Tout ce que le magistrat
peut exiger, c'est que le mandataire justifie de son
mandat. (Cass. 21 juillet 1886, *J. Palais*, 1886,
p. 1006).

Il est admis qu'un pouvoir sous-seing privé est
suffisant. Si quelques auteurs défendent le principe
de l'authenticité en cette matière, la majorité pro-
fesse que tout ce que l'adversaire peut exiger, c'est
que l'acte soit revêtu d'une légalisation administra-
tive. Or, il ressort aujourd'hui d'une jurisprudence
de plus en plus rigoureusement affirmée par la Cour
suprême, que l'hypothèque consentie en vertu d'une
telle procuration est radicalement nulle. Il deviendra
donc nécessaire de se pourvoir d'une procuration authentique pour représenter devant le bureau de conciliation un débiteur qui se proposera de consentir
une hypothèque à son créancier. Nouvelles entraves
et nouveaux frais qu'il devra subir.

Conclusions.

Nous nous résumons.

I. — L'innovation du projet de loi porte atteinte :

1° — Au principe d'ordre public de la séparation des attributions, en violant l'article 1er de la loi du 25 ventôse an XI.

Elle préjudicie aux notaires en empiétant sur leurs attributions exclusives.

Elle crée des rivalités de compétence qui deviendront une source de conflits.

2° — Au principe fondamental de l'art. 2127 du Code civil, qui ne reconnaît d'autre source à l'hypothèque conventionnelle que l'acte notarié.

La théorie tout entière du régime hypothécaire, qui est l'une des plus importantes du Code, ne peut être ainsi remise en question et entamée par voie de proposition incidente.

3° — Au principe fondamental de l'institution de la conciliation elle-même qui fait du magistrat un conciliateur et non un juge.

Dépourvu du caractère de juge, il ne doit pas revêtir celui de notaire qui ne lui a pas été conféré, et dont il n'est pas apte à remplir la mission.

II. — Elle diminue la sécurité des conventions en écartant le contrôle expérimenté du notaire.

Et les titres émanés du bureau de conciliation, d'un caractère trop fragile et primés par l'hypothèque légale seront discrédités et intransmissibles.

III. — Elle favorise la fraude et les artifices de la mauvaise foi.

Elle provoque la simulation des procès, ce qui constitue un manquement au respect dû à la magistrature.

IV. — Elle engage la responsabilité morale du juge de paix; et elle l'expose à un amoindrissement de situation dans son canton :

Soit qu'il ait reçu une constitution d'hypothèque nulle ou insuffisante;

Soit qu'il ait à se reconnaître inhabile à résoudre une affaire.

V. — Elle engage la responsabilité effective du greffier.

VI. — Elle ne résout pas la question d'économie des frais d'actes, qui est le but recherché.

VII. — Enfin elle ménage une déception au législateur lui-même, en transformant, comme autrefois et par une conséquence inévitable, le cabinet du juge de paix en une étude rivale de celle du notaire.

Pour toutes ces causes le notariat est fondé à se plaindre que les intérêts si graves qu'il a mission de sauvegarder sont sacrifiés dans le projet de loi en même temps que les siens propres.

Nous osons espérer que ces observations soumises respectueusement à MM. les députés appelés à délibérer sur le projet de loi en question seront prises par eux en considération, et que daignant en reconnaître la justesse, ils retrancheront de ce projet une innovation qui blesse à la fois l'ordre public et l'intérêt privé.

Le président d'honneur :
BERNIER.

Le président :
MAIREAU.

Les vice-présidents :
LAFFRAT,
BRUSSET,
DUGUET,
FABRE.

Le secrétaire-général :
SALMON.